FACULTÉ DE MEDÉCINE DE PARIS

COURS

SUR

L'HISTOIRE DE LA MÉDECINE

ET DE LA CHIRURGIE

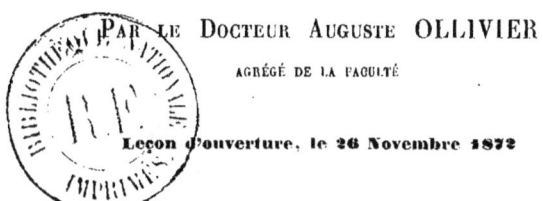

PAR LE DOCTEUR AUGUSTE OLLIVIER

AGRÉGÉ DE LA FACULTÉ

Leçon d'ouverture, le 26 Novembre 1872

PARIS

ADRIEN DELAHAYE, LIBRAIRE-ÉDITEUR

PLACE DE L'ÉCOLE-DE-MÉDECINE

1872

1873

Extrait de L'UNION MÉDICALE (Troisième série)
Novembre et Décembre 1872

COURS

SUR

L'HISTOIRE DE LA MÉDECINE

ET DE LA CHIRURGIE

Messieurs,

Je suis appelé pour ainsi dire à l'improviste au périlleux honneur de remplacer pendant ce semestre un professeur éminent qu'une mort rapide a enlevé à notre Faculté.

Vous le savez, Messieurs, M. Daremberg n'était pas seulement un médecin instruit ; c'était aussi un savant philologue, versé dans l'étude des langues anciennes, et dont les interprétations, lorsqu'il s'agissait d'élucider un texte difficile, faisaient autorité non-seulement en France, mais encore dans tous les autres pays.

Il ne s'était pas contenté de faire l'histoire de la médecine en se servant des textes et des travaux étrangers les plus recommandables, il avait voulu faire lui-même la critique de ces textes ; il était, en histoire, de l'école des Thierry, des Guizot, et surtout de son maître, disons plutôt de son ami, M. Littré.

Appliquant aux matériaux de ses études les règles sévères de la critique historique, il voulut être à même de les contrôler ; et, pour cela, il consacra sa vie entière à des travaux de philologie ; assez versé dans la connaissance des langues latine et grecque pour n'avoir pas besoin d'interprète, il était en correspondance avec tout ce que l'Europe renferme de philologues et de lexigraphes ; il avait, à ses frais ou avec de bien minces subventions, fait des recherches dans toutes les bibliothèques d'Europe ; aussi, cet immense inventaire, complété par une collection peut-être unique d'éditions rares et précieuses de livres de médecine, donnait-il à son enseignement et à ses écrits une incontestable autorité ; il parlait de l'histoire de notre science comme un homme ayant vécu trente ans de sa vie au milieu des livres et des matériaux immenses de cette difficile étude ; sa bibliothèque était son laboratoire ; il était bien réellement, et dans le vrai sens du mot, un praticien.

Je ne veux pas faire ici l'éloge de M. Daremberg ; sa modestie s'est effrayée des hommages publics qu'on pourrait rendre à sa mémoire, et, obéissant à l'expression de ses volontés dernières, ses amis n'ont pas cru devoir dire sur cette tombe si prématurément ouverte, combien était grande, je n'ose dire irréparable, la perte que nous avons faite.

Mais il est un hommage que nous devons tout particulièrement à M. Daremberg, un témoignage public de reconnaissance que nous ne pouvons manquer de lui rendre. M. Daremberg mettait à la disposition des jeunes gens qui venaient le consulter, les trésors de son érudition inépuisable et les livres, même les plus rares et les plus précieux, qui pouvaient leur être utiles.

Il accueillait tous ceux qui venaient à lui avec une réelle bienveillance ; il le faisait surtout par amour pour cette science de l'histoire à laquelle il avait consacré sa vie, pour laquelle il avait renoncé à une carrière qui lui aurait donné la fortune ou des honneurs moins tardifs. Mais lorsqu'il voyait combien le plus grand nombre s'éloignait de ces études, qui pourtant ne sont pas sans attraits, lorsque, découragé de l'inutilité de ses efforts, il pouvait se reprocher d'être entré dans une voie sans issue, il revenait courageusement à ses livres, à ses études de prédilection, et il ne regrettait point d'avoir donné sa vie à un travail ingrat peut-être, mais qui lui procurait les salutaires jouissances de l'intelligence satisfaite ; et il disait ce que disait Augustin Thierry, lorsque, aveugle et moribond, il faisait un retour sur son passé : « Ce travail est ingrat et pénible, mais si je revenais à la vie, je le commencerais de nouveau, parce qu'il y a sur la terre quelque chose qui vaut mieux que la richesse, que la fortune, que les jouissances matérielles, c'est le dévouement à la science. »

Messieurs, il est toujours intéressant, lorsqu'on a choisi une profession, et surtout une profession comme la nôtre, qui a son origine dans le berceau même du monde, et dont l'histoire se lie si intimement à celle de l'humanité, il est intéressant, dis-je, de connaître l'histoire des ancêtres, de savoir ce qu'étaient autrefois les médecins, quel était leur rôle, leur influence, l'estime qu'on leur accordait ; — il est attrayant de trouver à chaque page, même dans ces livres classiques que nous avons le tort si grave de ne plus lire après le collège, les traces de notre art, éloges ou critiques ; que ce soit une ode dédiée par Horace à son ami Antonius Musa, le médecin d'Auguste, ou une de ces critiques si acerbes dont fourmillent les épigrammes de Martial.

N'est-il pas intéressant, dans notre pays même, de remonter des Druides, ces prêtres et médecins, dont les traditions médicales subsistent encore avec leur souvenir au fond de la

Bretagne, à cette époque du moyen âge où les membres de ce qui devint plus tard la Faculté de médecine, se réunissaient, pour tenir conseil, autour du bénitier de Notre-Dame; — et ne convient-il pas de rappeler que l'origine et les progrès de l'étude des sciences naturelles, que la fondation du Jardin des Plantes, sont dus au médecin de Louis XIII, et que la médecine a été le berceau commun des sciences d'observation, de la physiologie, de la physique, de la chimie, de l'histoire naturelle, sciences auxquelles, par un juste retour des choses d'ici-bas, l'*alma parens*, devenue vieille, demande un appui qu'elles ne sauraient lui refuser.

En dehors de l'histoire professionnelle, n'avons-nous pas encore le spectacle magnifique du développement de la science depuis les temps les plus reculés jusqu'à nos jours, spectacle attrayant non-seulement pour les médecins, mais aussi pour tous ceux qui s'intéressent aux progrès de l'esprit humain.

Certes, on ne saurait sérieusement mettre en doute que cette étude ne soit intéressante; mais il me reste à vous prouver qu'elle est, de plus, d'une grande utilité.

Et d'abord, avant d'entreprendre un travail sur un point quelconque de médecine ou de chirurgie, il est indispensable de savoir ce qui, sur ce sujet, a pu être découvert et publié antérieurement. Il faut donc faire des recherches bibliographiques plus ou moins étendues; il faut donner ce que l'on appelle les indications bibliographiques. Eh bien! ne croyez pas, Messieurs, que ce soit chose facile que de chercher dans des livres et d'apprécier ce qu'il faut y prendre, ce qu'il faut laisser. C'est là un des côtés les plus utiles de l'enseignement que je dois vous faire; c'est ainsi que j'ai compris ma tâche, et je vous dirai, en terminant cette leçon, par quel moyen pratique je désire arriver à ce but : vous donner la clef, la méthode des recherches bibliographiques.

Mais voyons plus directement encore quelle est l'utilité de l'étude de l'histoire. Si vous ne lisez point; si, partant d'une idée, vous voulez faire table rase du passé, vous courrez risque, après avoir travaillé pendant des semaines, des mois, de découvrir un fait ou une vérité antérieurement connue ou signalée. Vous pourrez aussi être accusés de plagiat, et si ce n'est en France, où on ne lit guère, au moins dans un pays qui touche au nôtre, où tout ce que nous publions est étudié et discuté avec une hostilité presque systématique. Hélas! de ce côté non plus, et dans cette lutte toute scientifique, nous n'étions pas prêts; il faut donc nous mettre en mesure de ne plus mériter à l'avenir le reproche d'ignorance et de légèreté.

Je vais vous donner un exemple particulier de l'intérêt qu'il y aurait à lire les vieux auteurs et à se tenir bien au courant, non point seulement de ce qui s'imprime actuellement à l'étranger, ou de ce qui se publie depuis quelques années, mais encore d'œuvres remontant à plus d'un siècle; et pour rendre l'exemple plus saisissant, je prendrai une science dont les progrès sont tout modernes, la chimie physiologique, et un auteur qui n'est pas parmi les plus connus ni de ceux qu'on lit habituellement, je veux parler de Verheyen. Vous savez tous, Messieurs, que le rôle physiologique de la salive mixte consiste à transformer en sucre ou glycose les aliments féculents. C'est une découverte expérimentale qui ne remonte pas à plus de quarante ans. Or vous trouverez dans le *Supplementum anatomicum* de Verheyen publié en 1710, page 113, cette phrase que je vous cite textuellement : « Ut verò certiùs experirer vim fermentivam salivæ, accepi duas partes farinæ tritici, earumque alteram subegi cum meâ salivâ alteram cum aquâ vulgari leniter calefactâ : cùmque utramque massam tenuissem in blando colore duarum circiter horarum spatio, inveni illam, quæ cum humore salivali erat subacta, itâ fermentatam, ac si flores cerevisiæ fuissent additi; alteram verò quoad sensum non mutatam. »

Flores cerevisiæ ou les fleurs de bière, c'est le ferment qui, pour les chimistes, est l'agent plus actif de la transformation de l'amidon en glycose, et la meilleure preuve, c'est que, rapprochant le principe actif de la salive du principe actif qui, dans la fermentation de l'orge, amène la production du sucre, on appelle l'un et l'autre diastase; on dit : la diastase de l'orge germée et la diastase salivaire.

Voici encore un exemple de l'utilité qu'il y aurait à ne pas négliger la lecture des auteurs anciens.

Vous savez quel intérêt, aujourd'hui, on attache en clinique aux recherches de thermométrie : vous voyez entrer peu de malades atteints d'affections aiguës dans un service d'hôpital, sans que matin et soir on ne détermine la température axillaire, de façon à construire ce que l'on appelle des courbes, moyen de représentation graphique emprunté aux sciences mathématiques et physiques. Cette étude nous a déjà donné de bien importants résultats, qui ont placé la thermométrie presque à côté de l'auscultation et de la percussion. Parmi ces résultats, il en est un des plus intéressants, c'est que, pendant la période de frisson de la fièvre, alors que le malade tremble de froid, sa température est considérablement élevée. Eh bien, ce fait important, et qui a attiré l'attention de nos jours seulement, avait été parfaitement observé par de Haen. Voici, en effet, ce que vous pouvez lire dans le *Ratio medendi* (t. I, 2ᵉ partie, chap. X, p. 205), ouvrage publié en 1761 : « Tempore frigoris humani intolerabilis, cum pulso contractiore, minore, thermometrum signat octo gradus ultrà calorem naturalem. » Huit degrés, c'est beaucoup, mais il faut se rappeler que de Haen se servait de la graduation de Fahrenheit et que, après avoir laissé le thermomètre appliqué pendant sept minutes et demie, il ajoutait encore 1 ou 2 degrés au chiffre primitivement constaté, parce que, dit-il, il avait remarqué que la colonne de mercure s'élevait encore à peu près à cette hauteur au bout de ce laps de temps....

Il s'agit dans ces deux exemples, non pas de ces phrases que les curieux recherchent dans les vieux auteurs et où l'on pourrait, en torturant l'expression et le sens, écouvrir le germe d'une grande découverte, — je ne vous dirai point que la médecine est tout entière dans Hippocrate et que l'auscultation s'y trouve aussi; elle y est en tous cas si bien enfouie qu'elle n'a pu être retrouvée par les milliers de lecteurs de cette œuvre classique qui fut, pendant plus de vingt siècles, le bréviaire des médecins, — non, certes, mais dans les exemples que je vous donne, il s'agit de deux résultats d'expérience que l'on pouvait, l'attention éveillée par la lecture, chercher à reproduire, à vérifier, dont l'importance pouvait frapper et mettre sur la voie de découvertes considérables qui ne se sont faites qu'un siècle plus tard.

Je vous ai montré, Messieurs, combien l'étude de l'histoire de la médecine est intéressante et attrayante, et aussi quelle utilité vous pouvez en retirer. Permettez-moi, maintenant, de vous indiquer rapidement quelques-unes des grandes questions qu'embrasse l'enseignement de cette histoire.

L'histoire de la médecine comprend d'abord l'exposition des doctrines et des systèmes, sujet immense, digne de fixer l'attention du médecin et du philosophe ; pour l'aborder, il faut un sens critique droit, une vaste expérience, une érudition profonde, en un mot toutes les qualités et toute l'autorité d'un maître. Aussi ce sujet convenait-il à M. Andral, qui en a fait l'objet de son cours pendant plusieurs années. M. Andral est un des plus grands maîtres du temps présent, et il n'était point déplacé à lui de faire la critique des systèmes et des doctrines des maîtres du temps passé.

La seconde partie comprend l'histoire des maladies et de la place qu'elles doivent occuper dans une classification qui devrait être une méthode, mais qui n'est encore qu'un système. De là l'histoire des nosographies dont les progrès marchent parallèlement aux progrès de la science et aux découvertes dont elle s'enrichit.

Mais il ne faut pas croire que toutes les maladies soient aujourd'hui ce qu'elles étaient autrefois : quelques-unes se sont modifiées, d'autres transformées. Il est des maladies qui ont disparu ; de même que certaines espèces animales qui ont existé autrefois n'existent plus aujourd'hui, il y a des maladies éteintes comme il y a des espèces éteintes. De plus, il existe des maladies nouvelles, mais ici l'analogie avec les espèces animales nouvelles ne se poursuit plus, car l'existence de ces espèces créées par le fait des sélections naturelles est une des questions des plus controversées, et à cette question se rattache, vous le savez tous, la grande théorie du darwinisme.

Messieurs, cette doctrine des maladies nouvelles est de date ancienne comme le montre le passage suivant de Plutarque : « Sans aller plus loin que nous-mêmes, le changement de la façon de vivre est suffisante cause pour pouvoir engendrer des maladies. » (*OEuvres meslées*, trad. d'Amyot ; Paris, 1603, t. II, p. 234.)

Il y a des maladies qui sont nouvelles, et par ce mot de maladies nouvelles, il ne faut pas entendre qu'elles datent d'hier, mais qu'elles n'ont pas toujours existé, qu'elles ont apparu à une époque plus ou moins rapprochée de nous.

Prenons, par exemple, la syphilis. Voici ce que disent les écrivains du xvie siècle. Ulrich de Hutten : « L'an 1493 environ de la naissance de Jésus-Christ, un mal pestilentiel se déclara.... L'éruption pustuleuse de la peau en était un des principaux symptômes. »

Louis Lobera dit expressément que « le mal français n'avait été observé nulle part, et qu'il était complétement inconnu aux anciens qui n'en ont consigné aucun indice. »

A propos de ce mal français, rappelons que si les Italiens l'appelaient ainsi, les Français lui donnèrent le nom de mal napolitain ; on l'appela encore mal des Allemands, et, comme dit M. le professeur Anglada, de Montpellier, dans son beau livre sur les *Maladies éteintes et les maladies nouvelles* : « à l'inverse des villes de la Grèce qui se disputaient l'honneur d'avoir donné le jour à Homère, les populations du xve siècle se renvoyaient la honte d'avoir été le berceau de la hideuse maladie. » (*Études sur les maladies éteintes et les maladies nouvelles*, Paris, 1869, page 545.)

Il est difficile, malgré l'autorité très-recommandable de Rosenbaum et de plusieurs autres médecins, de croire à l'antiquité de la syphilis. Tout ce qu'on peut trouver dans les auteurs grecs et latins ne prouve rien sur l'existence de la syphilis à cette époque ; il est bien question d'écoulement uréthral, mais peut-on jamais confondre la blennorrhagie et la syphilis…. Dans une de ses satires (satire II), que je me garderai bien de vous lire, Juvénal parle des marisques anales que le chirurgien coupe en se moquant du débauché qui se croit inconnu et porte sur lui la trace de sa honte… Il n'y a rien là qui se rapporte à la syphilis. Ces marisques, ces tumeurs, le médecin légiste les constate, les retrouve encore aujourd'hui et n'en fait point un signe de syphilis communiquée.

Au reste, cette antiquité présumée de la syphilis avait autrefois excité la verve railleuse de Guy Patin. Laissez-moi vous citer le passage suivant d'une de ses lettres : « Pour répondre à ce que vous me mandez, je vous dirai que Bolduc, capucin, a écrit, aussi bien que Pineda, jésuite espagnol, que Job avait la vérole. Je croirais volontiers que David et Salomon l'avaient aussi. » (Lettres DCLXXXII.)

On peut, vous le voyez, aller loin dans cette voie. Quoi qu'il en soit, il est intéressant et utile, pour connaître la nature même de la syphilis, de remonter à son essence première et, au point de vue de la nosographie générale, il est très-intéressant de voir cette maladie, aujourd'hui individuelle et contagieuse, apparaître tout d'un coup comme une grande maladie épidémique, sans qu'il soit possible malheureusement de découvrir les causes premières qui l'ont pu produire.

A côté de la syphilis, prenons les fièvres éruptives, et la première, par son importance et sa gravité, la variole. « Malgré des recherches très-profondes et très-intéressantes, a dit M. Littré, l'existence de la variole dans l'antiquité est restée un point fort incertain de la pathologie historique. » (*Hippocrate*. Trad. de Littré, 1846, t. V, p. 60.)

Lazare Rivière, une des gloires de l'école de Montpellier au xviie siècle, professa l'antiquité de la variole ; mais un des hommes les plus érudits du siècle dernier, Grüner, défendit l'origine moderne de cette maladie comme une vérité évidente ; il nous a laissé dans son livre, *Morborum antiquitates*, Breslau, 1774, d'importants documents sur l'histoire des maladies.

Il est encore un exemple, Messieurs, que je désire vous citer. Il s'agit d'une maladie nouvelle qui, après une première apparition au commencement de ce siècle, n'a plus reparu. Cet exemple nous servira de transition entre les maladies nouvelles et les maladies éteintes.

En 1828 éclate, à Paris, une maladie qui surprend les médecins par son aspect insolite. C'est en juin qu'apparaissent les premiers cas, peu nombreux d'abord, mais bientôt multipliés, avec toutes les allures du progressus épidémique. La maladie s'amende pendant l'hiver, reparaît au printemps suivant, et disparaît enfin pendant l'hiver très-froid de l'année 1829 à 1830.

Le tableau symptomatique était mobile et varié. La maladie, qui ne fut mortelle que pour quelques vieillards ou gens très-affaiblis, durait quelques semaines. Il y avait d'abord de l'engourdissement, des fourmillements aux extrémités avec élancements qui s'irradiaient, s'accompagnant quelquefois de contracture et de paralysie.

Dès le début, il survenait un œdème quelquefois général, le plus souvent limité à la face, aux mains et aux pieds; puis la peau se colorait d'une rougeur érythémateuse, ou bien était brune ou noirâtre. A cela se joignaient des éruptions diverses, papules, phlyctènes, furoncles, et des troubles gastro-intestinaux plus ou moins accusés.

Telle était cette maladie; ni l'alimentation, qu'on soupçonna d'abord, ni la viciation de l'air par encombrement ne suffisaient pour l'expliquer; elle ne pouvait pas non plus se rapporter aux affections analogues qui avaient pris les devants dans l'histoire des maladies populaires.

Cette maladie nouvelle réclamait un nom; on l'appela *Acrodynie*. Ce nom, qui a été adopté, rappelle les douleurs des extrémités qui en étaient les symptômes les plus communs et les plus saillants.

Depuis 1829, l'acrodynie a disparu, laissant la cause de sa retraite aussi mystérieuse que celle de son invasion, sans préjudicier, bien entendu, de son retour possible. (*Anglada*, ouvrage cité, p. 26.)

En vous parlant de l'acrodynie, je vous ai donné l'exemple d'une maladie apparue pour la première fois au commencement du siècle et, depuis, disparue. Il y a bien d'autres maladies qui ont autrefois désolé le monde et qui ont disparu après avoir laissé des traces sanglantes de leur passage. Il faudrait, à ce sujet, vous faire l'histoire de la peste d'Athènes au ve siècle, avant l'ère chrétienne, peste qui a inspiré au poëte Lucrèce de si admirables accents dans le dernier chapitre de son *De naturâ rerum*; la peste Antonine au iie siècle de l'ère chrétienne; la peste inguinale au vi^e siècle; le mal des Ardents au moyen âge; la peste noire du xive siècle; enfin la suette anglaise au xve.

Messieurs, je vous ai pris, au hasard, quelques exemples pouvant vous donner une idée de l'importance, de l'intérêt, de l'utilité réelle qu'il y aurait à étendre et à poursuivre ces recherches. Vous voyez que, dans cette seule branche de la médecine, il y aurait matière à un assez long enseignement, et que votre temps serait bien employé.

Une autre question qui aurait encore un grand intérêt serait l'histoire des *grandes maladies populaires* étudiées parallèlement à celles des *constitutions médicales*. Cette étude se rattache étroitement aussi à l'hygiène et à la pathologie générale. Vous voyez donc que ces deux branches de notre art ne peuvent se passer des études historiques.

Prenons, par exemple, le choléra. C'est en 1817, vers le mois d'août, qu'éclata à Jessore, ville située dans le delta du Gange, à quarante lieues de Calcutta. Dès son apparition, il atteint et frappe tout le monde autour de lui. La mortalité qui l'a suivi est effroyable et digne des grandes épidémies historiques. Il déborde sur l'Asie, de l'est à l'ouest, à travers la Syrie, la Perse, l'Arabie. Dix ans après, il pénètre en Bologne, en Russie, en Hollande; en 1831, il envahit l'Angleterre ; l'année suivante, il entre en France, puis en Espagne, en Algérie, de là en Amérique et en Océanie..... et on peut dire qu'en 1840 il régnait sur le monde entier.

Ce fléau si terrible, nous l'avons revu en 1848, en 1853 et en 1865, et nous sommes peut-être destinés à le revoir encore. Vous savez que, aujourd'hui même, l'opinion publique en est gravement préoccupée, et l'écho lointain des coups qu'il frappe en Russie et en Perse a dû venir jusqu'à vous.

La description du choléra, sa distribution géographique, sa marche, rentrent, il est vrai, non point dans l'histoire de la médecine, mais dans la description même de la maladie.

Ce qui rentre dans le cadre des études historiques, c'est l'histoire de la maladie à son berceau, ses origines, la critique et la discussion des documents historiques qui peuvent permettre de résoudre l'importante question de l'identité réelle ou supposée du choléra nostras ou sporadique et du choléra épidémique ou asiatique.

J'en ai dit assez, Messieurs, pour vous montrer combien est grand et étendu le domaine de notre histoire. Dans ce champ si vaste, j'ai préféré un coin plus modeste. A côté de l'histoire des maladies, il y a l'histoire de leurs *signes* et des moyens mis en œuvre pour les découvrir ; en un mot, l'histoire de ce qu'on a appelé la *séméiotique*.

Le moment me semble venu d'aborder cette partie de l'histoire de notre art, car c'est de ce côté surtout que la médecine a fait d'incontestables progrès : il suffit de citer les méthodes d'auscultation et de percussion.

Il est également intéressant de suivre, parallèlement aux progrès des sciences physiques, les progrès de nos méthodes d'observation. Ainsi, on perfectionne la construction des instruments d'optique ; Helmholtz applique ces données à l'examen du fond de l'œil ; l'ophthalmoscope est créé. Les appareils dits enregistreurs servent aux physiciens à apprécier les lois des vibrations, un physiologiste ingénieux les applique aux vibrations du pouls ; le sphygmographe est imaginé. Le thermomètre introduit dans l'aisselle des malades est consulté matin et soir, et on applique aux résultats numériques qu'il fournit, pour les rendre plus appréciables à l'œil, le système des courbes.

Vous le voyez, l'histoire de ces méthodes, de ces procédés, de ces recherches, n'est pas sans intérêt.

Dans une première partie de ce cours, nous étudierons donc la séméiotique ; nous l'étudierons comparativement chez les anciens et chez les modernes, et, chemin faisant, j'aurai plus d'une fois l'occasion de vous montrer que nous ne devons pas être trop orgueilleux des procédés d'exploration si précis que nous ont fournis les sciences physiques. Les anciens, en effet, privés de ces moyens d'exploration, privés aussi des lumières de l'anatomie pathologique, déployaient souvent une sagacité vraiment remarquable ; de l'examen attentif des phénomènes morbides, ils savaient parfois tirer les plus importantes données séméiologiques.

Voici en peu de mots quel ordre je compte suivre. Je m'occuperai d'abord des procédés généraux d'observation, c'est-à-dire de l'application de nos sens à l'examen approfondi des malades. Nous verrons comment les anciens se servaient de ces instruments naturels d'observation, l'œil et la main, avec quelle précision ils exploraient le pouls, ils pratiquaient la palpation, puis toujours ne se servant que des sens, nous les verrons appliquer l'oreille sur la poitrine; premiers tâtonnements qui devaient conduire à l'auscultation.

Plus tard, suivant une marche que l'analogie avec d'autres sciences pouvait faire prévoir, ils aident à leurs sens par l'emploi raisonné d'instruments qui en perfectionnent l'usage et en agrandissent le champ d'action. A la vue seule, ils ajoutent la loupe et le microscope; ils se servent de la balance. Puis, à mesure que les sciences d'observation, les sciences physico-chimiques s'élèvent et progressent, nous verrons les médecins instruits leur emprunter de précieuses ressources. Entre l'oreille du médecin et la poitrine des malades, on interpose un cylindre creux qui renforce le son et augmente son intensité, sans en modifier la hauteur et le timbre, le rendant seulement plus perceptible; c'est l'auscultation médiate. Entre le doigt et le corps, on interpose une plaque solide et sonore qui transmet plus également les vibrations, c'est la percussion médiate. Enfin, autrefois, on se contentait, vous le savez, de regarder les urines à contre jour, comme nous le voyons faire au mire, personnage principal du beau tableau de Gérard Dow, *la Femme hydropique*; aujourd'hui, par l'analyse, on pèse les éléments constituants de l'urine, éléments que la vue ne découvre point et qui, véritables résidus des combustions organiques, ont, par cela même, pour le diagnostic général, une si grande importance.

Ainsi nous passerons d'abord en revue les méthodes et procédés d'exploration considérés au point de vue général; reprenant ensuite dans chaque appareil organique les grands signes séméiologiques, nous ferons l'histoire de ces signes, notant à quelle époque et par qui ils furent découverts et mis en lumière. Les théories s'oublient, les doctrines tombent, la trace des hommes s'efface, mais un bon symptôme bien observé, un signe séméiologique important persiste et survit; ce peuvent être, pour le vulgaire, de médiocres conquêtes, mais pour nous, Messieurs, elles sont précieuses entre toutes, car elles servent et serviront toujours au soulagement des malades, but suprême de notre art.

La seconde partie du cours sera consacrée à des conférences pratiques faites à la bibliothèque de la Faculté; ce sera là notre laboratoire.

Nous prendrons, pendant les vingt-trois siècles qui nous séparent de celui qu'on a si justement appelé le père de la médecine, les œuvres les plus importantes, les œuvres de ceux qui ont marqué les grandes étapes de notre science. Je pourrai alors, les livres en main, vous faire une histoire chronologique qui serait fastidieuse dans un cours, et vous pourrez éviter ainsi des erreurs grossières qui sont journellement commises.

Je profiterai de cette revue des livres pour vous donner quelques détails biographiques sur les grands noms de la médecine; leur vie vous sera rendue plus intéressante lorsque vous connaîtrez leurs ouvrages.

Et quant à ces ouvrages, je vous apprendrai à vous reconnaître, lorsqu'il vous plaira de les consulter, au milieu des très-nombreuses éditions qui en ont été faites. Vous comprendrez que ce n'est pas chose si facile quand vous saurez, par exemple, qu'il existe près de trente éditions ou traductions des œuvres d'Hippocrate, sans compter les commentaires et les traités particuliers, et presque autant d'éditions des œuvres de Galien.

A côté des œuvres personnelles, il existe encore de nombreux recueils; compilations énormes et bien précieuses que je vous apprendrai à connaître.

De plus, les mémoires des Sociétés savantes, dont le nombre et l'importance augmentent chaque jour; les thèses des Facultés, dont quelques-unes sont des œuvres originales d'un grand intérêt, forment également de bien précieuses collections.

Enfin, parmi les archives de notre science, nous devons encore ranger avec honneur une foule de mémoires insérés dans les nombreux journaux de médecine. Le journalisme médical ne se contente pas d'être un intelligent vulgarisateur, il peut citer à son compte de très-importants travaux.

J'ai terminé, Messieurs, l'exposé des études qui doivent faire l'objet de cet enseignement. Dieu veuille que mes forces ne soient pas au-dessous de mon courage, car il en faut, je vous l'assure, pour aborder un aussi difficile sujet que l'histoire de la médecine, un mois seulement après avoir reçu l'avis de l'honneur qui m'était fait. Mais si je n'ai point, auprès de vous, l'autorité que nécessite une pareille mission, vous tiendrez compte, je l'espère, du grand désir que j'ai de vous être utile, et c'est à ce titre seul que je vous demande, en terminant, de me continuer votre bienveillante attention.

Paris. — Typographie Félix Malteste et Cⁱᵉ, rue des Deux Portes-Saint-Sauveur, 22.

www.ingramcontent.com/pod-product-compliance
Lightning Source LLC
Chambersburg PA
CBHW061621040426
42450CB00010B/2598